꼬투리

김수봉 제10시집

세종출판사

••• 서문

지금까지는 너무 늦게 등단했다는 자격지심을 해소하기 위해 다작을 추구했지만 10집쯤 내면 70대 작가들의 평균 시집 정도는 되겠다는 안도의 마음이 든다.

앞으로는 양보다 질을 더 염두에 두고 독자들에게 좀 더 사랑받는 좋은 작품을 쓰겠다고 다짐을 하면서 초발심을 마무리한다는 심정으로 제10시집 '꼬투리'를 출간한다.

제목은 세상에 많은 문제를 야기하지만 타산지석을 삼을 수도 있겠다는 생각에 '꼬투리'란 단어를 제목으로 삼았다.

구성은 총 160여 편의 작품 중 100편만 선정하여 5부로 나누고 창작한 순서대로 월별로 배치했다.

독자 재현의 많은 관심과 질정을 부탁드린다.

끝으로 1집부터 10집까지 어려운 부탁과 여건에도 전혀 싫은 내색 하지 않고 끝까지 멋진 시집을 위해 노력하고 애써주신 세종출판사 이동균 상무님과 모든 직원분들께 감사의 말씀을 올린다.

2024.04.03.
김수봉 사룀.

차례

제2부 2023.06

제3부 2023.07

제4부 2023.08

제5부 2023.09

제1부

2023.05

기대의 역설

인간 삶의 기대와 희망은
살아야 할 이유이자
성취해야 할 삶의 목표다

사람은 누구나 부모의 무한 기대와
희망 속에 태어나서 성장하며
삶의 기대와 희망을 이루기 위해
끝없는 고통과 좌절을 맛보지만

누구도 자신과 부모의 기대와
희망을 다 이루거나 다 이루어서
행복한 사람은 없다

그래도 살아지고 살려 하는 것은
이루어야 할 못다 한 기대와
희망이 남았기 때문이고

못다 해서 남은 기대와 희망은
오히려 살아야 할 이유와
기대와 희망이 되기 때문이다

(2023.07.08.)

파랑새

그리움과
아쉬움만 남겨놓고
흔적도 없이 사라진 파랑새

어디 계시나요
어떻게 지내시나요
지금 행복하시나요

그립고 안타까운 마음 모아
깁고 다림질하면
되돌릴 수 있나요

깨진 거울 이미 쏟아진 물일 뿐
지난 것은 추억 속에 묻어두고
채색을 더해야 아름답다고요

그래야 마땅하고 그렇다고 해도
그립고 아쉽고 안타깝기만 한
나의 파랑새여

(2023.06.27.)

시를 쓰는 이유

삶은 사는 이유와
의미가 있어야 삶이지만

자기 삶의 이유와 의미는
원래 존재 하거나
남이 부여하는 것이 아니라
자신이 만들고 부여하는 것이다

살기 위해 살거나
죽지 못해 살거나
마지못해 사는 삶은
생존일 뿐 삶이 아니다

나는 삶의 의미를 위해서
매일을 살기 위해서
누가 뭐라고 평가하든 폄훼하든
오늘도 시를 쓴다

글쓰기는 내가 할 수 있는
유일한 일이자
삶의 이유고 의미니까 (2023.05.20.)

가끔은

아무리 장마져도
가끔은 햇빛 나는 날도 있고
아무리 가물어도
가끔은 비 오는 날도 있고

아무리 혹독한 겨울에도
삼한사온이 있고
아무리 무더운 여름에도
가끔은 건들바람이 불어서
살만한 세상이 되듯

인생도 절뚝거리며 엎어지고 자빠져도
가끔은 벌떡 일어날 수도 있고
아무리 재수가 없어도
가끔은 행운이 찾아오기도 하듯

언제나 변곡점이 되거나 쉼표가 되고
변화와 반전을 가져오는 가끔은
인간의 힘들고 답답한 삶을 웃음으로
건너고 넘어가게 하는 징검사다리다

(2023.05.05.)

5월의 신록

수많은 청사초롱 걸어놓고
화려하게 꽃피던 등꽃
봄비 오는 며칠 사이
흔적도 없이 사라졌다

꽃 진 자리 새잎 돋아
가슴 간질간질 시원하게
생기를 북돋우는 싱그러운 바람

아무리 화무십일홍이라 해도
꽃 지고 새잎 나는 것이
자연의 순리라 해도

녹음 짙고 싱싱하고 활기찰수록
거무죽죽 시들시들 말라가는
꽃잎들 볼수록 안타깝지만

망설임도 잠시뿐 금방 연두와
녹음으로 옮기는 사랑의 마음
너무 싱그럽고 상쾌해서
도리어 창피하고 부끄럽다 (2023.05.09.)

꿀벌

배짱이나 매미보다 바람직한 삶이라
찬양받는 꿀벌은 가난한 농부다

농부는 농사를 짓지만 크고 맛있고
보기 좋은 농작물은 돈을 사기 위해
항상 고객의 몫일 뿐
농민은 한 번도 먹어본 적이 없듯

꿀벌도 이른 봄부터 불철주야
쉬지 않고 꿀과 화분을 모아오지만
꿀이 모이면 꿀 농사를 짓는 농부의
몫일 뿐 꿀벌은 겨울 내내 농부가 주는
설탕물인 가짜 꿀만 먹을 뿐
맛있는 참 꿀은 그림의 떡이다

농부들은 아무리 일하고 노력해도
자신의 형편은 언제나 그 자리라고
한탄을 하면서도 동병상련인
꿀벌의 처지를 생각지 못하는 것은
개구리 올챙이 적 생각을 못하듯
약육강식의 섭리 때문만일까 (2023.05.18.)

너였으면

너였으면
너였다면
얼마나 좋을까

젊고 멋지고 잘 생긴
사람만 지나가면
너일까
너였으면 하다가

지나간 뒤에야
아니야
뒷모습이 아니잖아
그 사이 세월이 얼마인데

그래도 아쉬워
앞을 막고 물어라도 볼 걸
쉰 김치라 흉보면 어때

오늘도 착각하며
그 사람이 너였으면
너였다면 하다가
얼굴만 붉힌다 (2023.05.24.)

눅눅함

비 오고 바람 불면
창문 닫으면 그만
햇빛 나고 화창하면
창문 열어 환기하면 그뿐

비가 오든 해가 나든
종달새가 울든 말든
바람이 불든 말든
눅눅한 마음

세월이 물어간
뽀송뽀송한 마음
돌아올 수는 있으려나
벌써 날은 저무는데

말리려고 애쓸수록
추하고 꿉꿉하다면
차라리 눅눅함을 즐길 수밖에

(2023.05.19.)

2023년 스승의 날

삶의 패러다임이 변하면 세상이 변하고
삶의 방식도 인심도 변하기 마련이라서
국경일과 기념일도 시대적 필요나
요청에 의한 것일 뿐이라면

시대의 요청에 따라 제정된
스승의 날과 스승 존중도 먼저 태어나서
듣고 본 것이 많아 지식이 남보다 앞선
사람이 필요했던 시대적 산물일 뿐

선생보다 지식이 많은 사람이 많아지고
지식과 선생이라서 높게 평가받을 이유가
사라진 뒤는 선생에 대한 존중과 존경도
희미해지는 것은 당연한 일

스승의 날 진종일 안부 전화는 물론
문자 한 통 없는 전화기만 바라보다가
'더러운 세상 말세구나' 하는 선생은
변화된 세상을 제대로 알지 못하는
시대 착오자일 뿐일까

(2023.05.15.)

삶의 바른 태도

세상에는 성인도 철인도 많지만
누구나 다 만족하는 삶의 방법과
이론은 아직도 제시되지 못했다

특히 산 날보다 살 날이 적은
노년의 삶은 사람마다 서로 달라서
어떤 삶이 올바른 방식과 태도인지
누구도 단정적으로 말할 수는 없다

젊은 시절 열심히 살았으면
모든 욕심 내려놓고 마음 편하게
살아도 되고 살아야 한다고 말하지만
젊은 시절의 삶에 대한 평가도
보편적 객관적 기준은 없다

시한부 판정을 받은 늙은 환자가
얼마 남지 않은 삶이기에
오히려 남은 삶을 더 열심히 살고
지금까지 이루지 못했던 목표를 위해
끝까지 최선을 다한다면 미친 삶일까

삶은 살기 위해 사는 것일 수도
목표를 이루기 위해 사는 것일 수도
있다면 살날이 얼마 남지 않은
상황에 대한 해석도 인생관에 따라
달라지는 것은 당연한 것일 터

어떤 삶의 태도가 옳고 그른지는
오로지 죽음을 맞이하는 당사자의
만족감과 자부심만이 평가의
기준이 되는 것 아닐까

(2023.05.13.)

생존신고

아침마다 주고받는 독거노인들의
카톡 안부는 서로의 생존 신고다

매일 아침 눈을 떠도 안 떠도 그만
반드시 눈을 떠야 할 이유도 없고
하루 종일 밥을 먹었는지 굶었는지
아무도 궁금해하는 사람도 없다

그래도 억지로 죽을 수도 없고
눈은 떠야 하고 밥은 먹어야 하기에
독거노인은 아침마다 카톡을 통해
서로 안부 묻는 생존 신고를 한다

여전히 살만한 사람은 성가시고
귀찮아서 늙은이들 아침마다 무슨
카톡질이냐고 비난하지만

언젠가는 누구나 혼자가 되고 독거할
수밖에 없다면 누가 흉을 보든 말든
답톡이 오든 말든 무슨 상관

생존 신고조차 없이 며칠만 지나면
살아 있는 귀신일 뿐 살아 있는 것도
사는 것도 아닌 존재가 되고 만다

독거의 내일을 위해 늙은 우리 모두
하루에 한 번 생존 신고라도 하자

(2023.05.25.)

오월의 여왕 장미

아파트 철제 울타리를 따라
무덕무덕 흐드러지게 피어난
오월의 넝쿨 장미

가느다란 줄기와
작은 잎새의 도움 없이도
붉게 흐드러져서 더 아름답고
무덕무덕 피어서 더욱 풍성하고
장소를 가리지 않아
도리어 후덕하고 고상한 장미

줄기마다 돋아난 가시
함부로 접근하거나
넘보지 말라는 까칠한 기품
오히려 여왕다운
위엄 더하고 있다

장미라서 아름답고
아름다워서 여왕인 장미
왕관이 제격이다

(2023.05.28.)

용기勇氣

모기 보고 칼을 빼는 만용이 아니라
자기보다 약자를 위해 힘센 강자와
맞서는 굳센 기운이기에 충신이나
열사처럼 언제나 불이익을 당하고
고통을 감내할 의지가 요구되는 용기

간신배는 평생 비단 꽃길을 엉덩이
살랑이며 희희낙락 걸어가지만
결국 자손만대에 구린내를 남겼고
충신은 누구나 형극의 가시밭길을
걸으며 자국마다 붉은 피를 흘렸지만
청사에 꽃다운 이름을 남겼다

용기는 충신을 만들고 충신은 용기를
만들어 희망의 새 역사를 만들었는데
누구나 주욕신사의 충성을 외치면서도
여전히 세상이 어둡고 혼탁한 것은
말만 앞세우는 간신배는 많아도 진정한
용기를 가진 자가 드물기 때문 아닐까

(2023.05.23.)

위대한 부성애父性愛

헐레벌떡 석탑 약수터에 올라온
젊은 아비와 어린 아들
큰 바가지로 물을 떠 마시다가
아들이 엎질러 바지를 적시고
한쪽 운동화에 물이 들어갔다

깜짝 놀란 아비가 '큰일 났다.
감기 들면 어쩌나' 하며 안절부절하자
아들이 '아빠 때문에 내 꼬라지가
뭐꼬'를 반복한다

아비가 아들이 벗어 던진 양말을 주우며
'이런 날씨에 옷을 버리면 얼마나 춥겠니'
하자 아들이 다시 '아빠 때문에 내
꼬라지가 뭐꼬'를 몇 번 반복하다가
'아빠 얼굴 가까이 대봐' 하더니
갑자기 아비의 뺨을 철썩 갈긴다

뺨을 맞은 아비가 얼떨떨해하다가
'아빠한테 혼난다'하며 양말만 정돈하자
보고 있던 노년의 등산객들이 참다못해

‘야! 아빠한데 그게 무슨 버릇이고’하며
나무라자 아비가 얼른 아들을 껴안고
‘빨리 내려가자 춥겠다’
하며 서둘러 자리를 피한다

아비의 사랑으로만 가르치고 배우는
얼마나 위대하고도 갸륵한 부성애인가
개꼬리 삼년 묻어두어도 소꼬리 안 되고
세 살 버릇 여든까지 간다 했는데

(2023.05.29.)

자랑 2

현실이 불만족스런 사람은
과거의 화려함을 자랑하고
현실이 화려한 사람은
과거의 어려움을 자랑하듯

사람은 누구나 자신의 모든 것을
자랑하고 싶어 하지만
대단하든 아니든 지나친 자랑은
남의 혐오감만 불러올 뿐

울안의 향기로운 꽃은
자랑하지 않아도
저절로 벌 나비가 찾아오지만
향기가 없는 꽃은 자랑할수록
똥파리만 꼬이기 마련

누구나 잘난 척 뻐기려는 자랑
아무리 자기 광고시대라 해도
현재 잘났거나 정말 잘난 사람은
결코 스스로 자랑하지 않는다

(2023.05.27.)

질척 봄비

부부 싸움은 칼로 물 베듯
사랑이 굳어진다지만
너무 잦으면
오히려 사랑이 깨지고 말 듯

가뭄에 생명을 주고 봄을 불러
꽃을 피우는 봄비는 단비
만인의 환호와 사랑을 받지만

하루걸러 한 번씩 내려
번거로움만 주는 봄비는
사랑은커녕 지청구만 듣게
되는 질척비

너무 많고 흔하면 거추장스러울 뿐
가치를 지니려면 반드시 필요하고
있어야만 할 때 조금 모자라고
부족해야 가치가 생기는 것은
봄비도 마찬가지 아닐까

(2023.05.18.)

첫사랑

사춘기 첫사랑은
추억으로만 남아 있는
짝사랑이 대부분

추억은 세월이 흐를수록 채색되어
더 아름다워지지만 성장하면서
다시 만나거나 이루어진 사랑은
오히려 퇴색하거나 추하게 된다

추억은 추억일 때 아름다운 것이지
몇 십 년 후 다시 만나는 현실은
환상이 깨어진 현실 앞에서
누구나 아름다운 추억 하나를
완전히 잃게 될 뿐

처음 사랑을 느낄 때의 모습으로
낙인 되어 있는 첫사랑은
언제나 추억 속에 묻어두고
생각날 때마다 채색을 더하고
시간 여행을 통해 꺼내 보고 상상해야
아름다워지는 그런 사랑 아닐까 (2023.05.02.)

꼬투리

작은 실마리에 불과한 꼬투리
마침내 몸통 전체를 먹어 치우고
무너뜨릴 수도 있어서
몸통보다 힘이 센 꼬투리

소가 아무리 덩치가 커도
코뚜레만 꿰이면
맥없이 인간에게
무조건 복종할 수밖에 없듯

사람도 꼬투리가 잡히기만 하면
어떤 권력도 힘도
살아남기 위해서는
꼬투리에 굽실거려야 한다

꼬투리는 비겁 비열한 말이지만
정치인들이 좋아하는 말꼬리보다
힘이 세어서 국물도 없는 정치판이나
현실에서 살아남으려면

꼬투리가 코뚜레가 되지는 않도록
노력해야 하는 그런 것 아닐까 (2022.08.24.)

청개구리의 효심孝心

날씨 탓인지 등산로 곳곳에서
들려오는 청개구리 울음소리
소리마다 심금을 울린다

엇나가기만 했으나 어머니의
임종을 앞두고 개과천선하여
어머니의 마지막 당부를 지키기 위해
어머니를 물가에 묻고 비만 오면
울음 운다는 효의 표상 청개구리

청개구리가 정말 개과천선했고
어머니를 위해 물가에 묻었으며
어머니는 정말 물가에 묻히고
싶어서 물가에 묻어라 했을까

항상 어깃장만 놓았기에 물가에
묻으라면 반대로 할 것을 알았기
때문에 어머니는 그렇게 유언을
한 것이고 아들은 개과천선한
것처럼 어머니의 말을 듣는 것이
어깃장 놓는 것보다 훨씬 편하고

쉬웠기 때문이었을 뿐
울음 우는 것도 불효의 합리화를
위한 변명에 불과한 것 아닐까

자식들의 효심을 의심한 부모가
죽은 뒤에는 화장해서 명산대천에
뼛가루를 뿌리고 제사도 지내지
말라는 유언에 따라 팔공산 뒤쪽
절벽 아래 부모의 유골을 뿌린 뒤
제사도 지내지 않으려 서로
다투면서도 유언과 시대를 핑계 삼아
변명하고 효를 포장하는 자식들처럼

(2023.05.26.)

횟집 수족관

횟집의 크고 작은 수족관은
요양병원의 입원 병동이다

수족관의 물고기는 수족관 크기와
맛집 정도의 차이가 있을 뿐
삶과 환경은 도진개진 비슷하다

처음 수족관에 들어온 물고기들은
좁은 공간에 적응 못해 나름 탈출을
시도해 보지만 한 번 들어오면 죽기 전에는
탈출이 불가능하다는 것을 알게 된 후는
함께 살게 된 동료들과 과거가 필요 없는
동병상련의 동지들임을 깨닫고 서로의
처지를 이해하며 수족관의 삶에 적응한다

뿐만 아니라 수족관의 생활은 인공으로
산소를 넣어 주는 등 주인의 보살핌이
있어서 자연의 바다보다 오히려 안전하고
편안해서 손님들의 초대만 없다면
오래오래 머물고 싶어 하기도 한다

다만 손님의 사랑 초대를 일찍 받아
동지가 순서도 없이 수족관을 떠날 때는
잠시 술렁이기도 하지만 모두 머지않아
같은 처지임을 알기에 금방 체념하고
늦게 초대받기만 바랄 뿐이다

병상에 누워 저승의 부름만 기다리면서도
그 생활에 적응하며 오래 머물고자 하는
요양병원의 오늘뿐인 노년들처럼

(2023.05.14.)

제2부

2023.06

높이 나는 꿈

사람은 꿈을 위해 살지만
짐승은 먹기 위해 산다며
인간의 삶과 꿈은 미화하고
짐승의 삶은 폄훼하지만

새는 꿈보다 날개를 키우고
먹는 것을 줄여 배는 물론
뼈속까지 비워 가벼운 몸으로
하늘 높이 날아오른다

인간은 꿈만 키우고
욕심은 비울 줄 몰라서인지
꿈만큼 날기는커녕 꿈이 클수록
오히려 더 많은 오욕만 남긴다

사람이나 짐승이나 높이 날기
위해서는 큰 꿈만 꾸기보다
오히려 체중을 줄이고 속을 비울
줄 아는 것이 더 필요한 것 아닐까

(2023.06.30.)

살아 있다는 것

살아 있다는 것은
참으로 축복이고 행운이다

사는 것이 죽는 것만 못하고
인생은 고해의 바다라 했으니
차라리 죽는 것이 낫다지만

세상은 음양과 밤낮이 교차 번복하듯
인생은 언제나 흥망성쇠가 번복하고
단맛과 쓴맛 기쁨과 슬픔이 교차할 뿐

하는 일마다 엎어지고 자빠지고
아무리 노력해도 되는 일이 없어도
비 온 뒤라야 무지개가 뜨고
꽃이 져야 열매가 맺듯

살아만 있으면 언젠가 기회가 오고
기회를 잡기만 하면 성공도 하고
복수도 하고 권토중래도 할 수 있다

살아 있다는 것은 무엇보다
언제나 다행이고 축복이다 (2023.06.25.)

시화전지장

사람은커녕 파리조차 꼬이지 않는
지하철역 한 모퉁이 시화전시장

주머니 사정이 심술을 부렸는지
화는 어디 가고 시만 전시된 탓인지
빛나지도 화려하지도 않은 전시장

무명의 작가지만 밤새워 고민하고
나름 최선을 다해 피어낸 시어의 꽃들
만인의 찬사와 갈채를 기대하지만

석돌인지 옥돌인지 관심조차 없고
아무도 보지 않는 것들 번잡스럽기만
하다고 괜스레 백안시하는 행인들

맵시와 향기 부족한 꽃이지만
박수만 있다면 더 좋은 모양으로
꽃피고 향기도 날릴 수 있을 텐데

눈길도 주지 않는 적막한 시 전시장
무참하게 구겨지는 시인의 자존심과
시어의 절망적 비명 소리만 아프다 (2023.06.21.)

공원의 시비詩碑

사람들이 보건 · 휴양 · 놀이
등을 위해 찾는 공원
천천히 걸으며 사색하기 좋도록
입구에 세워지는 시비詩碑

은행나무가 차일을 친 용두산 공원
입구 언덕에 줄지어 세워진 시비
작품의 호불호와 작가의 유명세를 떠나
휴식과 사색을 위해 찾은 사람들에게
언제나 잔잔한 미소와 사색과 추억을
소환하는 빌미가 된다

시인이라면 누구나 자신의 시가 빗돌에
새겨져 최소한 빗돌의 수명만큼이라도
많은 사람들에게 오래 읽히고 사랑받고
전해지기를 소망하는 시비

입구뿐만 아니라 멍때리며 앉아 쉬는 곳
차라리 더 많은 시비를 세워 미소와
사색으로 심신을 위로하고 휴식할 수
있다면 누이와 매부 서로 좋지 않을까 (2023.06.14.)

그리움 2

세월은 모든 것을 낡고 푸석하고
희미하게 만드는 무적이라 하지만
그리움은 세월이 갈수록
오히려 금강석처럼 단단해지고
무지개처럼 채색된다

무지개는 언제 보아도 아름답고
보는 각도와 시선에 따라 수많은
색깔로 채색되고 한 번 만들어진
색깔은 추억처럼 시간이 지날수록
더욱 곱고 아름답게 낙인 되듯

그리움도 원인도 이유도 없고
막연하다 해도 한 번 시작되면
시도 때도 없이 도지는 고질병처럼
언제나 가슴속에 무지개를 그리며
보석처럼 아름답게 소환된다

지난 세월과 추억의 잔해인 그리움
삶을 풍요롭고 아름답게 채색하는
인생의 무지개이자 보석이다 (2023.06.23.)

세월

세월은 약藥이라 말하지만
때에 따라 독毒일 수도 있다

세월에 빛바래지 않는 것도 없고
세월 이기는 장사도 없으며
세월만큼 공평한 것도 없어

세월은 어떤 것도
낡고 쓸모없는 것으로 만들고
무엇이라도 이기는 무적이고
성공과 사랑의 기쁨도
실패와 이별의 슬픔조차도
다 잊게 하는 만병통치약이라지만

세상에는 예외 없는 법칙도 없어
회한은 갈수록 커지고 단단해져서
결국 한이 맺히고 응어리가 되어
어떤 약으로도 치료가 불가능한
불치병이 되기도 한다

세월은 약이 아니라 독일 수도 있다 (2023.06.18.)

새벽찬

아침마다 6시 전 문간에 도착하는
얼음주머니를 깔고 덮은 네 가지 반찬

아내가 딸 집에 손자 돌보러 간 사이
아비를 걱정한 딸이 보내준 새벽 반찬

칠십 년 넘게 검소하고 소박한 토속적
가정식만 먹고 살다가 갑자기 변해버린
진수성찬과 현대적 입맛의 반찬들

딸의 정성과 걱정이 한데 어우러진 반찬
너무 진하고 걋륵해서 오히려 목메지만

다시 데우고 굽고 소스를 뿌려야 하는
음식들 토장국에 길들어진 입맛
도리어 성가시고 힘들고 거북하다

편리하고 다양하고 건강에도 좋다는 반찬
적응하고 먹기에는 자꾸만 아내의
된장찌개가 생각나는 것은 변화하는
세상과 입맛에 뒤처진 탓 만일까 (2023.06.10.)

멍때림

오라는 곳도 갈 곳도 없어
하루 종일 무료하기만 한 삶
다대포의 몰운대나 한바퀴
둘러볼까 나선 걸음

무작정 지하철역에 도착하자
안성맞춤 도착한 열차 타고
그냥 멍때리며 앉아있으니

다음 역은 000역이란 안내 방송
가려는 곳과 반대 방향이다

깜짝 놀라 반대 방향의 열차를
급히 갈아타고 다시 멍때리다가
생각난 것 멍때리기 대회도 있다는데
참 희한한 세상이구나 하다가

멍때림이 그렇게 좋고 가치 있다면
세계 참피언은 따놓은 당상이구나
피식 웃다가 참피언이 다 좋은 것만은
아니란 생각에 다시 멍때리기만 한다 (2023.06.06.)

모를 거야

아마도 모를 거야
겉으로 눈물지며
속이 타는 촛불의 사연을

아마도 모를 거야
자식의 종아리를 치면서
울음 삼키는 어머니의 마음을

아마도 모를 거야
뻐꾸기가 남의 집에 알을 낳고
밤낮으로 울음 우는 까닭을

아마도 모를 거야
당신이 싫다고 밀어내면서
자신이 아파하는 이유를

아마도 모를 거야
사랑 때문에
재가 되는 내 마음
당신은 모를 거야

(2023.06.27.)

무료한 연못

산기슭 외진 곳 오래된 연못 하나
찾는 사람은커녕 바람 한 점 없어
매일이 그날 같아 무료하기만 하다

연못 옆의 지루한 늙은 소나무
장난삼아 던져본 솔방울 하나

화들짝 놀란 연못의 가족들
무슨 일일까 관심이 집중되지만
기대는 항상 실망을 가져올 뿐

오늘도 하늘을 날던 몸 더운 제비
연못에 날아들어 꼬리를 퐁당퐁당
멱감는 모습 눈길은 이미 꽃이다

간 보듯 찔러 보는 솔방울과 제비
알면서도 일부러 속는 무료한 연못

물 위에 일렁이는 바람의 장난에도
할 일 없는 노년처럼
괜스레 귀를 쫑긋 세울 뿐 (2023.06.19.)

사랑의 속성

사랑은 주고받는 거래라 하지만
받을수록 더 많이 받고 싶은 것이
인간의 마음이라서 사랑은 언제나
불공정 상거래거나 먹을수록
물이 많이 땡기는 조갈병이다

상거래나 조갈병은 임계점을
넘으면 거래가 깨지거나 죽을
수도 있기 때문에 욕망이나
갈증의 조절이 반드시 필요하듯

사랑도 받을수록 사랑할수록
더 허기 지지만 욕심이 커질수록
조절하지 못하면 사랑받기는커녕
기존의 사랑조차 깨지고 만다

사랑은 받는 것보다 더 많이 주어야
많이 받을 수도 사랑할 수도 있고
받는 기쁨보다 주는 기쁨이 더 커야
사랑이 더 커지고 아름다운 것을

(2023.06.29.)

수국水菊

왜 물 국화라 했는지 알 수는 없지만
쌍떡잎 장미목 범의귀과 낙엽관목
수국은 풍성해서 후덕하고
우아해서 아름다운 중년 여성이다

중년 여성은 하루에도 몇 번씩 이상형이
변하는 팔색조의 소녀 시절을 지나
천둥 번개 같은 열정의 청춘을 넘어
파란만장의 세파와 시련을 끝없는 인내와
지혜로 극복하고 마침내 안정되고
중후한 아름다움을 갖추게 되듯

수국도 작은 꽃송이 여럿이 모여
하나의 큰 꽃송이를 이루기에 송이마다
중년 여성처럼 풍성해서 우아하고
색깔도 토양에 따라 팔색조처럼 달라져서
여름 한철 칼춤 추는 땡볕과 사나운
비바람을 몸으로 이겨내며 흰색으로 피어나
청색에서 붉은색으로 변했다가 보라색으로
마지막 아름다움을 완성한다

까치고개 산비알 흐드러지게 피어난 수국
변덕 많은 소녀처럼 변색하고 변태하지만
본 바탕이 언제나 부드럽고 풍성해서
특별히 섹시한 매력이나 향기는 없어도
한여름 내내 변색하는 풍성한 아름다움
후덕하고 우아한 중년 여성이다

(2023.06.07.)

아름다움

해가 지고 어둠이 내린
서대신동 산비알 아파트
구름 한 점 없는 맑은 하늘
산들산들 부는 6월 초의 밤바람
중천에 뜬 얼굴 씻은 말간 보름달
하늘의 모든 별이 내려앉은 듯
빛나고 반짝이는 도심과
절영도의 별빛 같은 불빛
화려하게 반짝이는 부산타워의 모습

무릉도원을 보지는 못했지만
누가 선경 아니라 말할 수 있으리

밤이 지나고 아침 해가 바다를
박차고 승천하면 활기 넘치는 생기가
새로운 하루의 삶을 열지만
너무 밝고 강열한 태양의 눈빛 속에
적나라하게 드러난 약육강식의 도회지 삶
인간들의 처절한 민낯과 소음과
탁한 공기는 밤 동안의 아름다움을
도리어 하룻밤의 헛된 꿈으로 만들고 만다

역시 아름다움은 다 보여주고 보는 것이
아니라 보여주고 싶고 보고 싶은 것만
보여주고 보았을 때 생겨나고 느낄 수
있는 그런 감정임을 새삼 깨달을 뿐

(2023.06.05.)

아시나요

날마다 밤마다
소쩍새 우는 사연을
그대는 아시나요

얼굴 붉히고 돌아서면서도
낮달이 해를 못 잊어
다시 찾는 이유를

비바람에 만신창이 되면서도
봄비를 기다리는
봄꽃의 아픔을

잊기로 했고
잊어야 하지만
잊을 수 없는 사랑을

날마다 달마다
그리고 꿈꾸는 내 마음
그대는 아시나요

(2023.06.27.)

없는 스승

현대는 스승이 죽고
선생은 없다고 말하지만
역설적으로 보면
주변의 모든 사람이나 삼라만상이
오히려 스승이라 할 수도 있다

논어 제7편술이 21장에는
세 사람이 길을 가면 반드시 한 사람은
나의 스승이 될 만하다고 했지만
실제로는 세 사람 다 스승일 수 있다

아무리 못난 사람도 나름의 장점이 있어
나보다 장점이 있으면 내가 배울 스승이고
나와 비슷하면 분수를 알게 하는 스승이며
못났으면 경계를 삼을 수 있는 타산지석이다

세상에 스승이 없다는 말은
오만한 자기변명이거나 착각일 뿐
배울 마음만 있으면
스승은 언제 어디에도 있다 하겠다

(2023.06.13.)

열쇠

봄은 어떤 문도 열게 하는
만능열쇠다

집집마다 겨울 동안 닫힌 문을 열어
집안에 쌓인 먼지를 털어내고
새로운 활기와 생기를 불러오는 봄

봄 처녀 가슴에 꽃 그림 그리고
서로의 오해로 서먹한 청춘 남녀의
가슴속에도 새로운 봄바람 일으켜
사랑의 문을 열게도 하고

겨울 동안 숨죽이고 벌거벗은 채
조신하던 초목들도 봄마다 새로운
희망으로 꽃피우고 열매 맺으며
초록 세계의 문을 새로 열듯

추위와 굶주림으로 전전긍긍하던
동물들도 새 생명을 잉태하기 위해
암수가 서로를 부르며 산천이
떠들썩하게 생명의 문을 두드린다

봄은 언제나 새 생명을 주고
어떤 문도 열게 하는 생명의 열쇠다 (2023.06.28.)

운무雲霧

산 중턱에서 피어나는 운무
세상을 새롭게 만들고 재편하는
요술쟁이 화가거나 조물주다

운무가 바다를 이루어
산 아래를 덮으면
운해 아래의 속세는 하얗게 지워지고
산꼭대기는 어디든 갑자기 선경이 된다

선경은 신선만이 살 수 있는 곳이라면
졸지에 신선이 된 산꼭대기의 사람들
저절로 마음도 운해처럼 넓어지는지

불현듯 속세의 근심걱정 다 잊어버리고
선경에 사는 신선이 된 착각에 빠진다

운무는 구름안개일 뿐이지만
운해를 이루면 선경을 새로 만들 듯
인간도 운무 위에만 서면
저절로 신선이 되는가 보다

(2023.06.21.)

인생의 길이

방귀 길나자 보리양식 떨어지듯
인생이 무엇인지 어떻게 살아야 하는지
알 만하면 벌써 끝날 때가 가까워서
뜻을 이루지 못하는 경우가 많다

반면에 아무리 짧다는 인생에도
그 속내를 들여다보면 이미 그 속에
한 생의 흥망성쇠가 다 들어 있어서
인생은 그렇게 짧은 것만도 아니다

인생의 길이는 받아들이기 나름일 뿐
절대적 기준이나 정해진 한계도 없다

다만 하고 싶고 해야 할 일이 남아 있고
할 수도 있는데 다하지 못하고 가게 된
사람에게는 인생이 짧은 것이고

하고 싶은 일도 할 수 있는 일도 없고
하기도 싫은 사람에게는 언제 죽어도
인생이 너무 긴 것 아닐까

(2023.06.15.)

천문天門

구절양장의 아찔한 길을 지나
999개 계단을 올라 천문을 지나면
그 너머 별천지가 있다는 천문산

막상 천문을 넘어보면 끝 간 데 없이
펼쳐진 멋진 풍경에 턱 빠지는 줄도
모르고 감탄을 연발하지만
하늘 아래 새로운 것은 아무것도
없다는 말처럼 그 너머에도
또 다른 인간 세상이 있을 뿐이라서
이쪽에서 저쪽을 저쪽에서 이쪽을
상상하는 기대와 현실은 매한가지일 뿐

비록 운무가 발밑을 하얗게 덮어
속세가 지워지고 서 있는 곳이
선경인가 착각을 일으켜도
저승도 인간이 상상해 낸
이승의 또 다른 곳일 뿐이듯
선경은 마음에서 만들어낸 기대일 뿐

(2023.06.22.)

* 천문산 : 중국 장가계에 있는 산 이름.

갓바위

이유 없고 핑계 없는 결과 없듯
온갖 사연과 고로나19로 오랜만에 찾아본
어머니의 흔적 “내 죽으면 너의 아버지와
합장하지 말고 그냥 불에 그슬려 명산대천에
뿌리고 제사는 말하지도 말라” 하시던
어머니의 말씀을 따라 청개구리의 효심으로
갓바위 너머 절벽에 어머니의 유골을 뿌리고
어머니의 뜻에 따랐다는 자식들

때마침 부는 바람과 산 중턱에서부터
피어오르는 운무가 선경을 이룬 그곳에
한 움큼 유골만 남기고 한 마리 학이 되어
울음소리도 남기지 않고 사라지신 어머니

이럴 수는 없다는 마음에 시큰거리는 무릎을
끌고 십 남매를 대신하여 속죄하는 심정으로
갓바위 부처님께 죄를 청하며 절하고
어머니를 찾았지만 학의 그림자는커녕
유골조차 흔적도 없었다

머지않아 당신의 뒤를 따라 한 마리 학이

되고픈 자식은 흔적도 없는 당신의 모습이
오히려 부처님의 가피라 위로하면서도
가눌 수 없는 풍수지탄의 슬픈 눈물은
청개구리의 울음만이 아니기를 다짐한다

(2023.06.17.)

제3부

2023.07

날기보다 걷기

행복한 삶을 위해 누구나
물 위를 걷거나 하늘을 나는 기적을
꿈꾸고 도전하고 욕망하지만

기적은 엄청난 대가를 지불해야 하고
세상은 뛰는 놈 위에 나는 놈 있고
나는 놈 위에 타는 놈 있어서
언제나 욕망은 다 이룰 수도 없고
기회비용도 너무 많이 든다

행복은 욕망의 성취에서 오기도 하지만
주어진 성취의 만족에서 오는 경우가
더 많은 것이 인생이라면

기적을 이루는 존재가 되기보다
남들과 더불어 땅 위를
함께 걷는 것만으로도 만족하면
하늘을 나는 기적보다
언제나 행복할 수 있는 것을

(2023.07.06.)

무청의 변신變身

전우치와 홍길동의 변신이나
고소설 주인공의 탈각 변신도 있지만
무청처럼 아름답게 재생하는
죽음의 변신은 드물다

어려서는 열무 무침이 되고
성장해서는 열무김치가 되어
입맛 없는 사람의 건강을 챙기더니

무를 다 키운 후에는
통풍이 잘되는 그늘에서
몸 말리기만 하면
어떤 요리와도 잘 어울리고
건강도 살찌우는 무청 시래기

푸르고 싱싱하던 겉모습
거무죽죽 늙은 쓰레기 되지만
죽어야 다시 살아나는 시래기
일거양득의 화려한 변신이다

(2023.07.13.)

철새들의 군무

해 질 무렵
낙동강 하구 습지 위
수많은 철새 떼의 군무

낮 동안 못다 한 날개짓
마침내 다하려는 듯
한껏 펼친 날개
저녁노을 수놓고 있다

저녁놀이 아름다운 것은
낮 동안 못다 한 여한
한꺼번에 불태우기 때문이듯

타는 저녁놀 등에 업고
서녘 하늘 그림 그리며
하루를 마무리 짓는
새들의 무한 비상과 날개짓
여느 때보다 화려하고 아름답다

하구에 어스름 내릴 때
가만히 하루를 접는
새들의 숨소리와 날개짓
문득 저문 내 가슴도 젖는다 (2023.07.11.)

눈물

목마른 대지를 적시는
하늘의 눈물은
꽃피우고 열매 맺어
만물을 살리는 사랑이고 생명이듯

말썽꾸러기 자식의 종아리를 치며
흘리는 어머니의 아픈 눈물은
자식의 내일을 위한 사랑과 격려다

부모님께 혼쭐나며 흘리는
자식의 슬픈 눈물은
반성과 감사와 성장이고

천붕과 지붕 앞에 애끊는
회한의 붉은 눈물은
삶의 반추를 통한 성숙이다

지나치거나 검은 눈물은
오히려 아픔이 되기도 하지만
순수 눈물의 근원은
언제나 사랑과 생명과 성숙이다 (2023.07.16.)

입장 차 2

비 오는 날은 어디를 가든
구조물 안으로 들어가는
사람은 우산을 접고
나오는 사람은 우산을 펴듯

같은 상황이라도 입장과 처지의
차이에 따라 서로 다른
상대적인 행동을 하기 마련

여당과 야당 진보와 보수
사용자와 노동자들이 서로
상반된 생각으로 뿌리치는 손

어느 한쪽이 특별히 잘못한
탓이라기보다 입장과 처지가
서로 다르기 때문일 뿐이거나

유전무죄 유전무죄가 되는
세상에서 팔이 안으로 굽는
인간의 이기적 본성 때문일 뿐

(2023.07.04.)

꽃마을

이름만 있고 꽃이 없어
부끄럽기만 했던 꽃마을
올해는 이름값을 하려는지

등산로 한 편에 후덕한
시골 아주머니 같은 수국
풍성하게 꽃 피웠고

산마루 꽃마을 옆
내원정사 앞 연못에는
노란 황련이 꽃을 피워
불국토를 안내하는데

내원 산문 안 오백 보 길에도
수려한 소나무 아래 사이마다
일렬로 심은 수국들
몇 년 후 산화공덕 꿈꾼다

이름값 못해 부끄럽던 꽃마을
꽃이 있어야 꽃마을인 것은
어찌 마을 이름뿐이겠는가 한다 (2023.07.01.)

불청객

세상에는 언제 어디서 어떻게 만나도
반갑고 즐거운 존재가 있는가 하면
영원히 만나지 않거나
만나지 않기를 바라는 존재도 있다

어린 시절 첫사랑이나
먼 곳에 사는 절친은 만나기만 하면
특별한 이유가 없어도 반갑고
헤어지면 또 보고 싶은 그런 존재지만

여름철 등산로에 숨었다가 행인을
반기는 모기는 쫓아도 도망은커녕
끝까지 공격하다가 맞아 죽어야
끝이 나기도 하는 불청객

싫다 해도 끊임없이 찾아오고
따라다니면 스토커
초청하지 않았는데 찾아와
해코지하거나 손해를 끼치면
도둑이거나 강도일 뿐

(2023.07.05.)

부끄러운 여행

맛있는 것 많이 먹고
특별한 것 많이 보고 듣고
느끼고 즐기는 것이 여행이라면

큰돈 들여 특별하게 가는 여행
좋은 날 좋은 때를 골라
다른 사람의 축복과 부러움 속에
기분 좋게 가는 것은 여행의 기본

목적에 따라 혹한이나 장마 속에
가는 특별한 목적 여행도 있겠지만
즐거움과 일상 탈출을 위한 여행은
언제나 날씨의 부조가 여행의 절반이다

전국이 장마와 폭우로 난리가 나고
수많은 사람이 삶과 죽음의 기로에
서 있는 때에 계약된 일정을 핑계로
남의 고통은 나의 행복이란 듯
룰루랄라 해외로 나가는 것은

남의 욕은 잘하면서 자신을 돌아볼

줄 모르는 졸부나 정치인들처럼
염치없는 사람들의 내로남불일 뿐

특히 가장 낮은 곳에 서야 하는
것이 문학의 작가 정신이라면
문인들은 밖으로 향한 손가락질
남보다 먼저 안으로 굽힐 줄
알아야 하는 것 아닐까

(2023.07.17.)

태항산 비경

세상에 태어난 모든 것은
마침내 죽고 말 듯

산도 일생이 있어서
태항산은 풀과 나무는 물론
살이 다 떨어지고 우람한
뼈만 남은 중늙은이 모습이다

다만 뼈가 상해 뼈들도 분리되고
기둥처럼 남아 기기묘묘한 모습으로
서 있다가 머지않아 무너지고 말
아주 늙은 산이 아니라
뼈마디마다 할퀴고 갈려서
금가고 푸석거리는 곳은 많아도
아직 큰 뼈가 한데 뭉쳐
웅장함을 자랑하는 우람한 산이다

멀리서 바라보면 푸른 고명을 층층이
얹어서 쪄낸 시루떡을 쌓아 놓고
잘 드는 장검으로 단숨에 내리쳐
몇 조각으로 잘라놓은 떡이 세월과

비바람의 단련을 받아 모서리와
살점은 다 떨어지고 갈자국도 커져서
봉우리와 협곡을 형성하게 된
뼈만 남은 모습이다

가까이 가보면 여러 개의 협곡이 있지만
아직 산이 젊은 탓인지 협곡도 젊어서
세계적인 대협곡과는 비교가 안 되지만
수백 미터 직벽을 쳐다보며 걷노라면

협곡 밖은 가뭄으로 하천 바닥이 드러났는데
여전히 맑은 물이 흐르고 작고 아담한
폭포에서 쏟아지는 힘찬 물줄기의 모습은
천하제일경은 아니지만 태항산도 남다른
비경을 보여주는 웅장한 산이라 하겠다
(2023.07.25.)

* 태항산 : 중국의 하북 하남 산서성의 3개 성에 걸쳐져 있는 산 이름.

환선산 태항천로

중국의 높은 산 직벽에는
다른 나라에서 유래가 없는 잔도와
유리 잔도가 관광객의 오금을 저리게
하는 특별한 관광 코스로 유명하다

태항산맥 환선산에는 잔도가 아니면서
잔도 못지않게 구절양장보다 구불구불
하고 아찔한 태항천로가 있다

환선산 칠부 능선을 따라 수백 미터
직벽 위에 만들어진 백절百折양장의
태항천로는 그 자체가 특별한 볼거리고
거기서 바라보는 태항산의 비경은
다른 어떤 곳에서 바라보는 것과는
또 다른 멋과 맛이 있다

자연 풍광의 관광은 멀리서 바라보거나
밑에서 올려다보거나 전망대에 올라서
내려다보는 것이 대부분이고 그것도
나름 특징과 멋이 있기는 하지만

환선산 태항천로 칠부 능선을 달리면서
풍광을 마주 보거나 내려다보고 가끔
올려다보는 것은 다른 어떤 곳보다
아찔하고 멋진 풍광과 맛을 제공한다

(2023.07.25.)

* 환선산 태항천로 : 태항산맥 중 환선산 칠부 능선에 있는 도로 이름.

비행기 탄 똥파리

구린내 나는 곳에 꼬이고
똥 통에 코를 박던 똥파리

자신도 나는 놈 위에 타는 놈이
되려고 객기를 한 번 부린 것인지
아니면 여행객들의 땀 냄새를
구린내로 착각한 탓인지
몰래 무임 승차한 똥파리 한 마리

여행객들의 걸쭉한 입담과
기내식 등의 냄새를 똥통인 줄
착각했는지 갑자기 사이렌 소리를
내며 코를 들이밀다가

깜짝 놀란 승객들의 털어내는 손짓에
그만 맛도 못 보고 통로에 떨어지자
마침 지나가던 여승무원의 예쁜
구두에 밟혀 장렬하게 생을 마감한다

'방위 봐가며 똥 싼다' 했는데
더러운 놈 제 분수도 모르고

어디라고 감히 코를 들이미는가
하며 통쾌하게 여기는 잘난 승객들

사람이나 미물이나 역시 제 분수를
알아야 천수를 누리는가 보다

(2023.07.23.)

절벽장랑

필요는 발명을 낳고
집념은 고통을 주지만
마침내 위대한 업적과
역사적 사적을 남긴다

진나라 시황제의 천하통일과
불로장생의 집념은
당대 백성들에게는 엄청난
고통과 아픔이었지만
집념이 남긴 만리장성과 진시황릉은
세상 사람 모두를 관광객으로 만들어
후손들에게 엄청난 행운을 선사한다

13명의 일반인이 통행을 위해
수백 미터 직벽의 절벽을 뚫어
5년에 걸쳐 만든 1250미터의
절벽장랑도 인간의 집념이 보여준
위대한 사적으로 수 천 년이 지난
오늘날에도 큰 경외와 감동을 주는
불가사의한 업적과 자취 아닐까 (2023.07.24.)

* 절벽장랑 : 중국 태항산에 있는 터널 이름.

현지식現地食

사람들이 해외여행을 즐길수록
현지식으로 인한 여행사와 여행객들
사이의 분쟁도 그만큼 늘어나고 있다

여행은 명소나 특별한 곳에 가서
특별하고 맛있는 음식을 먹으며
새롭고 특별한 것을 보고 듣고 느끼며
답답한 일상의 탈출에서 오는 즐거움과
행복을 추구하는 것이 목적이라면

여행의 현지에서 먹는 현지식도
개인의 입맛에 맞지 않아 고통을 느끼는
경우도 있지만 입에 맞으면 외려 이상하고
입맛에 맞지 않을수록 특별한 맛 경험과
일상의 탈출이 될 수도 있다

입에 맞지 않아서 오히려 특별한 현지식
맛있게 먹는 특별한 즐거움은 잃었지만
그 자체가 새롭고 독특해서 영원히 잊을
수 없는 특별한 경험과 추억을 더하는
해외여행의 엑센트 아닐까 (2023.07.25.)

짐승이 되자

모든 일이 뜻대로 되지 않고
일마다 엎어지고 자빠지고
엎친 데 덮치기만 할 때는
가끔은 짐승이 되자

짐승은 배고프면 사냥하고
배부르면 만족하고 더 이상
사냥도 저축도 하지 않고
오로지 사랑만 해도 행복하다

인간도 많이 가졌고 저축했다고
더 행복해지는 것이 아니라면
많이 가질 필요도 많이 가지려다
불행해질 이유도 없다

걱정해서 해결될 것이 아니라면
내일은 내일의 일일 뿐
오늘 당겨서 미리 걱정하거나
내일을 위해 오늘 불행할
필요도 이유도 없다

하루살이도 인간도 한평생일 뿐
지금 배불러도 행복하지 않다면
차라리 사랑만 하는 짐승이 되자

(2023.07.11.)

자연 풍광

아름다운 자연 풍광은
자연의 아픔과 고통이거나
인간의 비정한 심술보다

다른 곳과 달리 특별하고
고통과 아픔의 흔적만 남아서
기기묘묘하거나 비정상적인
모습이 된 자연 풍광

오히려 아름답고 특별하다고
예찬하는 인간 마음
자연에 대한 저열한 쌤통
심리이거나 마조히즘일 뿐

풍광이 그런 모습을 갖출 때까지
억겁의 세월 동안 겪었을
아픔과 고통을 먼저 생각해야
아름다운 자연풍광 감상의
올바른 예의와 자세 아닐까

(2023.07.25.)

우주여행

달 속에서 옥토끼가 방아를 찧고
이태백이 채석강에서 달을 건지던
그 시절은 배가 조금 고프기는 해도
나름의 꿈과 행복이 있었다

지금은 나로호와 누리호가 우주 공간을
날고 우주여행이 상상이 아니라 은하계를
넘어 마침내 우주의 끝을 보고 하느님의
비밀조차 밝혀내고야 말게 되었지만

우주개발이란 명목의 과학 발전은
인간의 삶을 좀 더 편리하고 편하게
했으며 배부른 풍요는 가져왔으나
약육강식의 경쟁을 더욱 부추겨
인간이 꿈꾸는 행복을 더하기는커녕
오히려 우주가 개발되는 속도보다 빨리
인간성은 파괴되고 갈등만 늘어났다

차라리 달에는 계수나무가 있고
나무 아래 옥토끼가 방아를 찧는
전설이 진실이 되던 시대가
우주여행보다 더 행복했다고 하면
시대착오적 사고일 뿐일까 (2023.07.09.)

폭우暴雨

종일토록 오락가락 우중충하더니
갑자기 쏟아지는 비
들이붓다 못해 퍼붓는다

연방 번개가 번쩍이고
우르릉 쾅쾅 천둥이 친다
죄도 없이 괜히 오금이 저린다

고소설 초한지의 유방이나
삼국지연의의 유비 같은 영웅은
천둥 번개에 놀란 체해서
오히려 목숨을 구한 적도 있었다는데

무명소졸인 나는
죄 있어도 무죄라는 정치인도 아니면서
이렇게 천둥 번개가 두려운 것은

유전무죄 무전유죄의 세상에서
통장 잔고가 부족한 탓만일까

(2023.07.11.)

헛바람

때 아닌 때
우연히 불붙은 가슴속 꽃불
열망마다 기쁨과 아픔 교차한다

사랑의 덫에 걸린 늙은 짐승
벗어나려 애쓸수록 기대와 낭만
사이로 세월의 단풍만 빨갛게 탄다

차갑게 비껴가는 뜨거운 사랑
이루지 못한 낭만의 아픔 되어
바닷가 빈 벤치 바람개비만 돌린다

분수를 생각하며 두드리는 회한
낭만의 인생 노트에 때 아닌 때
헛바람 소리만 요란하다

(2023.07.14.)

잘 쓴 글

작가라면 누구나 독자에게
공감을 얻고 감동 주는 글을
쓰는 것이 꿈이자 희망이지만
누구도 쉽게 이루거나 작품마다
찬사를 듣는 작가는 드물다

문학사에서 잘 쓴 글은 남과 달리
독특하고 새롭고 참신해야
잘 쓴 글이라 한다

하늘 아래 새로운 것은 없다는 말처럼
이미 수많은 작가가 수많은 작품을
쏟아낸 상황에서 새롭고 특별한
내용의 작품을 창작하는 것은 어렵다

내용의 일상성을 벗어나 남과 다르고
특별하기 위해서 새롭게 등장한 기법이
표현의 낯설게 하기와 비틀기다

낯설게 하기는 일상적 서술구조나
표현 방법을 깨뜨림으로써 독특한

참신성을 찾고자 하는 표현기법이다

무조건 너무 낯설기만 하면
아무 말 대잔치가 되고 말지만
적당히 낯설고 엉뚱한 표현이
오히려 신선한 느낌을 준다면

낯설게 하기도 문학의 몸부림이자
시대가 요구하는 성동격서의
새로운 흐름의 하나는 될 듯

(2023.07.14.)

황태국

명태는 소비자에게 제공되는
크기와 상태에 따라 여러 가지
이름이 있고 여러 가지 요리로 만들어져서
각자 나름의 독특한 맛으로 사랑 받지만

숙취가 여전히 남아 있는 날 아침에 먹는
황태국이 다른 명태요리보다 속을 풀어주고
시원하게 하며 특별히 사랑받는 것은
쿰쿰해서 상큼한 황태의 맛 탓도 있겠지만
황태가 만들어지는 과정과 무관하지 않듯

황태는 한 겨울철의 명태를 일교차가 큰
덕장에 걸어 알몸으로 차가운 바닷바람을
맞으며 입만 벌리고 소리 없는 비명으로
얼고 녹기를 스무 번 이상 반복해서 말린
북어를 말하며 말리는 과정이 특별할수록
황태만의 고유한 맛도 아름답다 한다

황태국이 특별히 사랑받는 것도
인간의 삶이 금수저가 아닌 흙수저로
태어나 자수성가해야 대단하다 칭찬받고
개천에서 용이 나야 용 대접 받는 것과
같은 이치 아닐까 (2023.07.07.)

제4부

2023.08

흔들바위

설악산 계조암 앞의
흔들바위는 인생이다

밀면 굴러떨어질 것 같아서
누구나 한번 밀어 보고 싶어 하고
밀어보지만 흔들리기만 할 뿐
굴러떨어지지 않는 흔들바위

인간의 삶도 무엇인가
하고 싶어 하고 하면 될 것 같아
누구나 시도하지만 정도의 차이가
있을 뿐 누구도 자신의 뜻을 다
이루거나 성취한 사람은 없다

그래도 죽는 날까지 끊임없이
도전하고 노력하는 것은

흔들바위가 굴러떨어지지 않아도
언젠가는 굴러떨어질 수도 있다는
막연한 가능성과 희망 때문에
누구나 좌절하면서도 밀어 보고
또 밀어 보는 그런 마음 아닐까 (2023.08.12.)

물의 비명悲鳴

낮은 곳으로만 흐르는 물소리는
때와 장소를 가리지 않고
언제나 사람 마음을 정화한다

그렇다고 물은 아픔도 없고
고통도 모르는 것은 아니다

물도 열받아 끓을 때는
마침내 삑-삑- 하고
단말마의 비명도 지른다

물이 낮은 곳으로만 흐른다고
아픔도 고통도 없고 화도
낼 줄 모르는 바보는 아니다

물도 아프면 비명도 지르고
모이고 화나면 산도 무너뜨린다
언제나 낮은 곳에 처한 민초들처럼

(2023.08.07.)

박수갈채

간신배의 아첨하는 말이
나라와 자신을 망친다는 것을
알면서도 군주가 가까이 하듯

환영하고 칭찬하는 박수갈채
언제 어디서 어떻게 들어도
언제나 기분 좋고 우쭐하게 한다

단체 모임에서는 사회자가
별것 아닌 것도 크게 부풀려
박수갈채를 유도하기도 하지만

엇그제 모임에서
흰 머리가 어울린다는 말과
얼굴이 젊어 보인다는 말로
두 번이나 박수갈채를 받았다

환심 사기 위한 모순된 말인 줄
번연히 알면서도 기분 좋은 것은
아첨을 좋아하는 인간의
본성 때문만일까 (2023.08.04.)

세월의 아름다움

누구나 늙기를 싫어하고
늙은 세월을 미워하지만
자신의 늙음에 대한 것일 뿐
남의 늙음에 대한 관점은
전혀 상반된다

태양은 늙어 일몰 직전의
저녁놀이 가장 아름답다 하고
산도 늙어 뼈만 남고 뼈조차
세월에 할퀴고 쓸려 겨우 형체만
남은 말년의 모습을 가장
기묘하고 아름답다 환호한다

아름다움은 죽기 직전의
늙은 모습에서 찾을 수 있고
그 모습이 가장 아름답다면
비틀어지고 꼬부라진 인간의
늙은 모습은 예외일까

본질이 아름답거나 추한 것이
아니라 관념에 따른 관점과
시각의 차이일 뿐 아닐까

(2023.08.29.)

장단점

세상에는 잘난 사람
못난 사람 많고 많지만
장단점은 동전의 양면 같아서

장점이 많아 잘났다 자랑하거나
단점이 많아 못났다 주눅들
이유도 없다

관점과 상황과 처지에 따라
장단점은 서로 바뀔 수도 있고
장점만 가졌거나
단점만 가진 사람도 없다

세상 어떤 것도 영원한 것 없듯
잘난 사람 잘난 대로
못난 사람 못난 대로 살다 보면

언젠가 역전되고 바뀌는 것도
호불호의 역전처럼
시간문제일 뿐

(2023.08.10.)

허명虛名

사람은 누구나 명예를 추구하고
자기의 일에 자신감이 클수록
명예에 대한 기대도 커지지만

도리어 남의 명예에는 관심이 적고
자신의 관심 분야가 아니면 더욱
무관심한 것이 명예의 속성

누구나 잘난체하고 남이 알아주기를
바라지만 남도 마찬가지일 뿐이라서
언제나 자신의 기대에 미치지 못해
크게 실망하고 낙담하기도 하지만

명예는 자랑에서 오는 것이 아니라
오로지 다수를 위해 자신을 희생하고
봉사할 때만 오는 것일 뿐이라서
욕심내고 좇을수록 멀어질 뿐

차라리 그런 능력과 관심과 노력으로
세상을 위해 희생하고 봉사하는 것이
오히려 뜻을 이루는 지름길 아닐까 (2023.08.28.)

행복 찾기

나이가 들수록 욕심은 줄이고
마음을 비우고 내려놓아야
행복을 얻을 수 있다지만

크게 이룬 것도 가진 것도 없는 사람은
내려놓고 비운다는 것 자체가
체념과 포기일 뿐이라서
도리어 고통과 슬픔만 가중된다

많이 가진 것도 이룬 것도 없어서
줄이고 비우고 내려놓을 것도 없다면
행복은 먼 나라의 이야기일 뿐일까

욕망은 삶의 원동력이고
욕심은 실천의 추진력이라면
차라리 죽는 날까지 욕망과
욕심을 위해 최선을 다하는 것이
오히려 회한과 후회를 줄이고
행복을 얻는 지름길 아닐까

(2023.08.31.)

독거獨居의 아이러니

독거는 자기 자신만 책임진다와
자기가 자신의 모든 것을 책임져야
한다는 모순된 두 의미를 지닌다

외적 활동과 다양한 만남이 가능한
젊은 시절은 자기 자신만 책임지는
독거가 행운일 수 있고

외적 활동도 할 수 있는 일도 없는
노년은 저절로 만남도 줄어들어
독거는 고독이자 고통일 뿐이지만

젊은 시절은 독거보다
함께 하는 삶에서 의미를 찾아야
도리어 행복을 얻을 수 있고

노년에는 독거를 삶의 자연스런
과정이라 받아들이고 체념해야
오히려 행복을 누릴 수 있다면

독거는 언제나 삶의 아이러니일 뿐 (2023.08.24.)

당신 생각

선고비에 대한 생각은
언제나 가슴 메는 억울과
원망과 회한의 교차다

철없던 시절에는
당연한 요구라 생각했던 투정도
막무가내로 거절하고 윽박질러서
항상 억울하고 원망스러웠다

자식이 부모가 되었을 때는
당신의 어쩔 수 없었던 사정
이해 못 하고 원망했던 자신이
도리어 부끄러워서 억울했다

더 늙어 은퇴한 당신
자식의 또 다른 억지와 투정
꾸짖고 나무라지 못하고
모르는 채 기운 떨어졌던 모습

막무가내로 윽박지르던 꾸짖음보다
오히려 더 서럽고 억울하고 목메서
회한만 남는 것은 무슨 까닭일까 (2023.08.09.)

곡비哭婢

장례 때에 곡성이 끊어지지 않도록
곡哭하는 곡비哭婢는
선인들의 지혜이고 의료행위다

부모 친지의 사망은 물론 마음속에서
일어나는 불평, 미움, 슬픔, 분노 등
온갖 감정을 밖으로 배출하지 못한 채
쌓아두기만 하면 이런 감정들은
마침내 몸을 해치는 독소가 되어
몸의 활력을 빼앗고 질병을 유발하지만

곡비를 통하든 함께 울든 울음은
마음속의 해독제가 되어 몸의 독소를
제거하고 활력을 증진시켜 준다면

울어야 할 곳과 웃어야 할 곳은
때와 장소가 서로 다를 수 있지만
울어야 할 곳에서 마음껏 울 수 있고
울어서 건강을 챙길 수 있다면 울음은
억지로 웃는 웃음보다 명약 아닐까

(2023.08.27.)

부모의 무게

부모의 무게는 아이러니다
가장 무거울 때는 가볍게 느끼다가
무게가 없어졌을 때 가장 무겁게 느낀다

자식이 가장 가벼울 때는
부모가 태산같이 무겁고
무거울수록 안기거나 타고 다녀도
부모님에게 날개가 달린 듯
자식은 가볍게만 느낀다

자식이 점점 자라 무거워지고
안길 수도 업힐 수도 없을 때는
부모가 오히려 가벼워지지만
가벼워질수록 자식은
도리어 무겁고 힘들게만 느낀다

부모가 가벼워져 날아갈 때는
무게가 없지만 자식은 가장 무겁게
느끼고 날아간 뒤에야 가장 무거운
회한과 풍수지탄을 가슴에 담아
자신이 날아갈 때까지 짊어지고 간다 (2023.08.17.)

세월

팔월 초하루
절영도 봉래산 꼭대기에는
보름달이 휘황 찬란하다

양력은 초하루라 하고
달은 보름이라 한다

세월도 시간도
정하기 나름이라면
나이도 십 년을 일 년이라 하면

삼천갑자 동박삭도
나이 자랑 부끄러워
천천히 가려는지

세월이야 오든지 가든지
삶이 봉래산 신선 아니라면
길이와 속도가 무슨 소용

(2023.08.01.)

열烈과 효孝

밥 푸는 순서에 따라 사람이 죽는다면
어른을 존중하고 받든다고 부모의 밥을
먼저 푸는 것이 존중과 효일까

홀아비가 혼자 살면 이가 서 말이고
과부가 혼자 살면 깨가 서 말이라는데
남편을 위해 항상 먼저 밥을 푸면
열부烈婦이고 열녀烈女일까

개똥밭에 굴러도 이승이 더 좋다는데
연하의 남편과 살면서 남편을 위해
밥을 먼저 퍼도 열부일까

먼저 나면 먼저 가고 태어난
순서대로 가는 것이 당연하다
생각하면 불효일까

전제가 옳든 그르든
밥 푸는 순서에 따라 가게 된다면
부모와 남편을 존중하기 위해 밥을
먼저 푸는 것이 효일까 불효일까 (2023.08.31.)

이상 기후

더위가 더위를 먹는 여름
땡볕이 열사병으로 쓰러지고
팥죽 끓듯 펄펄 끓는 날씨지만

여름 땡볕의 하루 몸부림
가을 추수의 쌀 한 가마니
축복의 세레나데라 했듯

겨울이 춥고 혹독할수록
환상의 따뜻한 봄과
화사하고 아름다운
봄꽃 기대되고

여름이 녹아내릴수록
서늘하고 화창한 가을과
풍성한 수확과 아름다운
단풍 불러온다

이상 기후가 몸부림 탓이라면
좀 더 참고 견디는 것이
오히려 현명한 대처 아닐까 (2023.08.02.)

장례식의 아이러니

죽음은 어제의 마지막 내일이고
인간은 누구나 내일의 기대로
오늘을 살지만
내일에 대한 기대와 믿음에 따라
대응은 서로 달라진다

현실의 삶이 힘들고 고통스러울수록
무식하고 가난하고 한이 많을수록
내일에 거는 기대와 믿음이 클수록
장례식은 화려하고 진심이지만

현실의 삶이 누릴 만큼 누렸고
유식하고 유복하고 행복해서
내일에 거는 기대와 믿음이 적을수록
장례식은 형식적이고 소박하다

장례식은 살아 있는 오늘과
죽은 내일에 대한 기대와 믿음의
차이에 따라 오늘의 삶과
오히려 상반되는 아이러니 아닐까

(2023.08.22.)

처서處暑

더위도 한쪽으로 물러서고
모기의 입도 삐뚤어져서
가을이 귀뚜라미 등에 업혀 오고
선선한 바람도 뭉게구름 타고
찾아온다는 처서

올해는 처서가 더위를 먹었는지
전국은 날마다 폭염 주의보와 경보
밤마다 땀 흘리는 열대야
사나운 폭염 여름보다 등등하다

처서가 무색하고 이상 기후가
아무리 정치 현실처럼 이상해도
지나고 난 뒤에 뒤돌아보면
계절은 한 번도 제때와 역할을
어긴 적이 없다

당장은 힘들고 어렵겠지만
어쩔 수 없으면 즐기라는 말처럼
계절의 섭리와 능력과 힘을 믿고
오히려 예쁜 가을 꿈꾸면 어떠리 (2023.08.23.)

현상과 본질

세상은 있는 대로
보고 듣는 것이 아니라
듣보고 싶은 대로
보고 듣는 것이듯

눈에 보이는 것도
보고 싶은 대로 본 것이고
귀에 들리는 소리도
듣고 싶은 대로 들은 것일 뿐

존재의 아름다움과 추함도
본질이 아니라
세상에 태어나서 습득된 지식과
경험에 의해 듣보고 싶은 대로
보고 들은 것일 뿐이라면

같은 값이면 다홍치마
갈등과 분열의 시대에
세상 모든 존재의 장점과
아름다운 면만 듣보면 어떠리

(2023.08.08.)

호박의 지조

세상 사람들은 겉과 속이 달라서
의와 신의를 외치는 사람은 많아도
지키고 실천하는 사람은 드물지만

구밀복검 면종복배의 세상에서도
익을수록 겉과 속이 일치하는 호박은
도리어 인간에게 반면교사다

호박의 효용성은 말할 필요도 없고
생김새조차도 익은 정도에 따라
전혀 꾸미거나 내숭 떨지 않고
원래의 생김새 그대로 보여주다가

익을수록 껍질이 황금색으로 변해가면
속에서도 황금궁전 짓고 수많은 씨앗을
키우며 껍질의 늙은 주름도 인간들이
흉을 잡을수록 더욱 아랑곳하지 않는다

마침내 호박죽의 미감에 변덕 심한
인간들의 생각조차 바뀌어도 모르는 체
겉과 속의 지조는 한결같다 (2023.08.24.)

가을장마

장마지면 화창한 날 그립고
가물면 단비를 기다리는 것이
인간의 자연스런 마음이지만

자연 현상은 심술 난 연인들의
어깃장처럼 항상 인간의 기대에
딴지를 걸다가 애간장을 다 태운
후에야 자린고비만큼만 부응해서

화창한 날을 기대할수록 가을장마는
인간의 거만과 오만을 경계하려는 듯
언제나 인간의 바람을 비켜만 간다

풍조우순이 태평성대의
절대 조건이던 시대는 아니지만
가을장마는 오늘의 정치 현실처럼
쌤통 심리나 심술 첨지인가 보다

(2023.08.30.)

노년의 시 쓰기

은퇴한 노년의 삶은
할 일도 해야 할 일도 없고
안 해도 그만인 일만 있어
어떤 변화도 의미도 없고
매일이 그날 같은 지루하고
따분한 권태의 나날일 뿐이다

시 쓰기는 권태의 삶을 넘어서는
오늘의 유일한 생존 의미지만
그날이 그날 같은 무미한 삶은
새로운 시상과 영감을 방해해서

한편의 시를 향한 간절한 바람과
기대는 권태와 무미의 생활처럼
도리어 삶의 고통을 더하거나 진종일
괴로운 몸부림을 가중할 뿐

그래도 써지지 않는 시 쓰기를
날마다 삶의 이유처럼 강행하는 것은
권태로운 현실과 고통과 몸부림을 넘어
노년의 유일한 삶의 의미이자
생존 신고이기 때문 아닐까 (2023.08.29.)

제5부

2023.09

고향 달

세상에서 가장 아름다운 달은
이태백이 건지던 채석강의 달도
그믐달도 초승달도 보름달도
도회지의 어떤 달도 아니고

명절날 고향에서 바라보는
달 중에서도 부모님 생전에
형제자매 함께 모여 달 구경하는
초가집 처마에 걸린 추석달이다

절영도 봉래산 꼭대기에 휘영청
밝은 보름달은 선경을 넘나들어도
평범한 고향 산천의 달보다
오히려 밝지도 아름답지도 못해서

세상 어떤 곳의 어떤 달도
추석날 부모님 찾아뵙고 형제자매
함께 모여 왁자하게 즐기면서
바라보는 고즈넉한 고향 달보다
밝고 아름다운 달은 없다

(2023.09.28.)

인생길

환승역이나 정거장도 없고
사람마다 자기 길만 가야 하고
가는 방법의 선택만 자유인
것이 인생길이라지만

아무리 서둘러도 쉬어가도
결국 정해진 길을 시간에 맞게
가야만 하는 것이 인생길이다

어차피 본의 아니게
정해진 시간과 길로만 가야하고
때도 이미 해 질 녘이고
뛰어봐야 벼룩이라면

눈치 보며 힘들게 서두르기보다
차라리 좌우도 돌아보며 쉬엄쉬엄
즐기며 가는 것은 어떠리

(2023.09.25.)

추석날

그립습니다
보고 싶습니다

위패와 영정 속에만 계시지만
언제나 가슴속에 살아있는 분

아버지
어머니

살아계실 때는 몰랐는데
그립다 말할수록
더욱 보고 싶고
보고 싶다 생각할수록
더욱 그립습니다

오늘은 추석날
못다한 효를 우는 불효자의
품은 회한 아니라도

보고 싶습니다
그립습니다

어머니
아버지 (2023.09.27.)

품 넓은 큰 부자

세상에는 기부를 많이 하는
품 넓은 부자도 많지만
세상 모든 것을 다 품을 수 있는
큰 부자는 없다

어떤 부자도 부가 쌓일수록
부만큼 담장도 높아져서 주변과
격리될 뿐 부만큼 품지는 못한다

들여다보는 세상 모든 것을 다 품고
무엇이든 품을 수 있는 것은
오로지 물을 담은 호수나 바다뿐이다

그 속에는 온갖 물고기를 키우고
낮에는 물구나무선 산도 그 속에 있는
모든 것도 하늘도 하늘에 떠 있는
태양도 구름도 찾아온 사람도 지나가는
바람도 새도 다 품고 가질 수 있고

밤이면 하늘의 달도 별도 유성도
물을 마시러 온 온갖 짐승들도

다 품고 가질 수 있으며

보고 싶어 하고 찾아오는 어떤 것도
거절하지 않고 언제든지 찾아오라고
어떤 경계도 짓지 않는다

세상 어떤 것도 다 품고 가질 수
있는 가장 품 넓은 큰 부자는
오직 물을 담은 호수나 바다뿐이다
(2023.09.21.)

헌혈獻血

피가 생명이라면
피를 나누는 헌혈은
생명의 나눔이자
너와 내가 하나 되는
사랑이다

생명은 신만이 만들 수 있고
절대적 사랑도
신만이 가능하다면
생명을 나누고 사랑을 나누는
너는 신이 아니면서 신이 되고
신이 사람이 되는 과정이다

피의 나눔
생명의 나눔
인간이 신이 되는 일
인간이 추구해야 할
최고의 가치 아닐까

(2023.09.15.)

삶의 아이러니

인생은 지위와 부귀와 신분의 고하에
상관없이 누구나 생노병사와 희노애락을
겪게 마련이라서 생전에 서로
다른 삶을 살았다 해도 죽을 때는
결국 도진개진 거기서 거기고

방귀 길나자 보리양식 떨어지듯
삶이 무엇인지 어떻게 왜 살아야 하는지
알만하면 이미 때가 늦었거나 돌이킬 수
없는 상황이 되고 말아서

촛불은 자기 몸을 다 태운 뒤에야
눈물을 멈추고
누에는 몸이 죽어 번데기가 되어야
실뽑기를 그치듯

깨달았을 때는 벌써 되돌리거나
개선할 수도 개선할 이유도 필요도
없거나 없을 때뿐이라는 것은
인간 삶의 아이러니 아닐까

(2023.09.20.)

힘 빼기

힘이 있다고 힘자랑하기보다
힘이 있어도 힘을 빼는 것이
성공의 비결이라 말한다

음악에서도 목에 힘을 빼야
긴장된 목을 풀어서
고음은 물론 아름다운
목소리를 낼 수 있고

스포츠에서도 힘만 주면
부러지거나 다치기 쉽지만
목과 어깨에 힘을 빼야 스윙이나
회전을 부드럽게 할 수 있어서
힘주기보다 더 큰 힘을 발휘하듯

인생살이도 언제 어디서
무엇을 하든 힘은 줄 때만 주고
평시에는 목과 어깨에 힘을 빼야
겸손하고 부드럽다 존중받아
성공할 수도 있는 것 아닐까

(2023.09.06.)

9월의 기대

어제의 내일이었던 오늘이
어제와 별반 다를 바가 없고

기대는 기대일 뿐
혹시나는 언제나 역시나가 되어
내일에 속고 사는 것이 인생이지만

인간의 삶은 오늘의 결과만으로
사는 것이 아니라 내일의 기대와
희망으로 사는 것 또한 현실이다

8월의 마지막 날인 오늘
9월에 거는 기대와 희망도
어차피 기대일 뿐이라 해도

내달來月은 계절의 결실처럼
모든 기대가 열매를 맺고
영그는 그런 9월로 맞고 싶다

내일에 거는 기대와 희망은
언제나 힘든 오늘을 넘어서는
삶의 원동력이고 근원이니까 (2023.08.31.)

거울

거울은 세상 모든 것을
다 비추지만
정작 자신을 비추거나
보지는 못하듯

거울에 비친 사물도
반사된 자기 모습만 볼 뿐
스스로 자신을 보지는 못한다

세상은 보는 대로 존재할 뿐
있는 대로 보는 것도 아니고
비치는 것도 보이는 것일 뿐
보여도 본 것이 아니면
본질은 결코 알 수 없듯

사람도 거울처럼 비치는 자신이나
남의 반사를 통해서만 자신을 불 뿐
마침내 자신이 보여도 자신의 본질은
도무지 알 수 없는 그런 존재 아닐까

(2023.09.10.)

건망증

사람은 잊어야 할 것은
잊지 못하고
잊지 말아야 할 것은 잊어버려서
고통과 불행을 느끼지만

너무 복잡다단하고 빨리 변해서
어지럼증을 느끼게 된 세상은
자신을 비우는 명상이나 멍때림을
오히려 삶의 휴식이자 재충전의
좋은 방법이라 말하는 세상

아이를 등에 업고 아이 찾거나
전화하면서 전화기를 찾는 건망증
그로 인해 큰 문제가 발생하지 않았고
너와 나는 물론 자기 자신조차
잊어버리는 치매로 발전하지 않았다면

순간순간 깜빡하는 건망증은
도리어 삶의 엑샌트가 되거나
훗날 미소 짓는 추억이 될 수도
있는 그런 것 아닐까 (2023.09.16.)

교정지校正紙

시집 출간을 위해 교정지를 교정하다가
출판물의 교정이나 교정기관의 교정은
목적과 역할은 비슷한데 결과는
왜 서로 다를까 생겨난 의문

출판물의 교정은 꼼꼼하게 반복할수록
완벽한 출판물이 되는 반면
교정기관의 교정은 할수록 교정은커녕
별만 더하고 왜 원상복구조차 불가능한가

같은 목적과 역할을 수행하면서도
서로 상반된 결과를 만들어내는 것은
교정의 방법이 잘못된 것일까
대상이 서로 다르기 때문일까

아마도 교정 방법이나 교정자의
문제라는 생각이 드는 것은
아직 교정이 덜 된 인간의
분수 모르는 헛소리일 뿐일까

(2023.09.16.)

검은 그림자

빛을 받은 모든 존재는
그림자를 남기고
모든 그림자는 검은색이고
빛이 밝을수록
그림자는 짙은 검은색이 된다

그림자는 왜 검을까
희미한 달빛에는
그림자도 희미한데
태양이 빛나고 밝을수록
그림자는 왜 더 검어질까

세상 만물은 무엇이나
음과 양 선과 악 성공과
실패라는 양면성이 있고

한쪽이 밝을수록 다른 한쪽이
더 검고 어두워진다는 것은
밝은 빛과 자연 섭리의
상대성을 보여주는 것 아닐까

(2023.09.20.)

낙역재기중樂亦在其中

영영 안 올 것 같던 가을
하룻밤 사이 귀뚜라미 멍에하고
새옹塞翁의 말馬처럼
서늘바람 앞세워 돌아왔다

여름이 아무리 덥고 길어도
겨울이 아무리 길고 추워도
세월이 지난 뒤 돌아보면
계절은 언제나 어김이 없었듯

인생살이도 당장은 죽을 것 같고
조금만 더하면 무엇이 달라질 것
같지만 세월이 지난 뒤 돌아보면
개진도진 결과는 차이가 없다

자연의 질서가 언제나 어김이 없고
인간이 자연의 한 부분에 불과하다면
삶에서 무엇을 애달프다 슬퍼하리
모두가 낙역재기중인 것을

(2023.09.08.)

도루묵

물고기 이름 도루묵은
배고플 때는 은어라 부르다가
배부를 때는 도루묵이라 했다는
이름의 유래에서 알 수 있듯

아름답지 않은 꽃도 없지만
봄꽃이 가장 화려하고
아름답다 사랑받는 것도

얼음꽃과 눈꽃만 있던 겨울을 지나
환상의 봄에 많은 꽃이 한꺼번에
피었기 때문일 뿐이라면

인간도 영웅이 태어나고 용마가
태어나도 때를 만나지 못하면
비극의 용마 전설만 남길 수밖에
없다는 비운의 영웅전설처럼

때가 능력과 본질보다
성공을 위해서는 더욱 중요하다는
인간 의식의 외적 모습 아닐까 (2023.09.11.)

추석 차례

추원보본이 아니라도 추석마다
풍성한 추수를 감사하고
조상의 음덕을 기리던 한가위 차례

농경사회가 로봇 AI 시대로 바뀌고
인간이 우주를 넘나들자 조상보다
자신들이 신이라 착각한 탓인지

형、매는 유산 상속의 걸림돌일 뿐
명절마다 부모님 찾아뵙고 함께
조상을 기리고 정을 나누며
왁자하고 즐겁던 풍경은 옛말

명절이 오히려 설렁하고 조용하던
절간만이 제를 올리는 인파가
구름처럼 모여들어 하루 종일
시끌벅적 야단법석이다

부모들은 무식해서 조상을 섬겼고
자식들은 현명해서 차례를 절간에
맡겼는지 스님들의 입만 벙긋벙긋

세상이 술을 먹고 다 취했으면
술지게미라도 먹고 취한 척이라도
하라던 도연명의 시가 생각난다면

속으로는 좋아하면서 명분만
살리려는 비겁한 변명일 뿐일까

(2023.09.29.)

서두름

어떤 일도
때와 순서가 있어서
바늘허리 못 매 쓰니
바쁠수록 에둘러 가라는 말처럼

서둘러서 과정과 절차를 무시하면
샛바람에 간장독만 얼어 터지듯
꽃샘추위에 피어보지도 못하고
꽃봉오리 먼저 떨어지게 된다

아무리 홍시가 먹고 싶어도
땡감을 따면 떫은맛만 보게 되고
서둘러 부자가 되려고 황금 알을
낳는 닭의 배를 가르면
쪽박을 차게 되듯

무슨 일이든
마음만 앞서서 서두르기만 하면
하늬바람에 오히려 땀띠 나고
서둘러 연 뚜껑 설익은 밥만 짓는다

(2023.09.02.)

안심입명安心立命

복분福分은 세상에 태어날
때부터 정해지는 것이라서 개인의
어떠한 노력으로도 바뀔 수 없다고
믿는 것이 인간의 운명이다

대부재천大富在天
소부재근小富在勤이나
재수 있는 자는 앞으로 엎어지면
콧구멍에 동전이 끼고
재수 없는 자는 뒤로 넘어져도
코가 깨진다거나

어떤 자는 대충해도 일마다 잘되고
어떤 자는 아무리 노력해도
일마다 엎어진다는
말과 믿음에서 알 수 있듯

모든 결과는 타고난 복분이거나
마침내 타고난 운명일 뿐
최선을 다했다면 그러려니 하는 것이
오히려 안심입명의 지름길 아닐까 (2023.09.01.)

오만傲慢

지나친 교만 거만 오만
표현은 서로 달라도
인생을 망치는 고질병이다

분수에 넘치게
남을 업신여기고 잘난 체하면
삼국지연의의 천하무적 관우가
오나라 여몽에게 죽임 당하듯
언젠가는 되갚음 당하거나
스스로 함정에 빠지고 만다

진실로 잘난 자는
잘난 체하는 것이 아니라
남이 잘났다고 인정할 때 뿐

잘난 것도 없으면서
남을 무시하고 거들먹거리면
반드시 오쟁이 져서
패가망신하는 오만과 거만
치명적인 불치의 질병 아닐까

(2023.09.09.)

먹구름의 푸념

파란 하늘에 뭉게뭉게 떠 있는
뭉게구름은 참 좋겠다
하는 일 없이 높이 떠 있기만
해도 사람들이 멋지다 아름답다
한가하다 칭찬 일색인데

나는 일 년 내내 단비를 내려
생명을 살리고 갈증도 해소하고
속에는 티 없이 맑은 물만 담고
있어도 겉이 시커먼 먹구름이라고
흉만 보니 복장이 터질 지경이다

지나가던 바람이 듣고
겉이 희거나 검다고 속까지
희고 검을까마는 무식한 인간들은
눈에 보이는 것만 보고
보고 싶은 대로만 볼 뿐이지만

때가 되면 언젠가 알 테니
너무 애태우지 말고 속에 담은
물 아무 곳에나 쏟아 버리고
나처럼 걸림 없이 저 멀리
유람이나 떠나보세 한다 (2023.09.28.)

탄도항 누에섬

바닷길 열리면 걸어서 갈 수 있는
누에섬은 탄도항 관광의 주인공이고
누구나 누에섬의 풍광을 예찬하지만

누에섬 가는 길목 바다에 풍력발전기가
들어서면서 바닷길 막히고 해 질 녘
저녁놀이 하늘에 붉은 피를 각혈할 때면
누에섬보다 도리어 풍력발전기의 일몰이
탄도항 관광의 주인공이 되고 만다

하늘의 주인공은 태양이지만 가끔은
달이 해를 먹는 일식이 일어나고
나라의 주인은 왕이라 하지만
가끔은 역성혁명을 통해 반역자가
왕이 되고 주인이 되듯

세상에는 영원한 것도 영원해야 더
좋은 것만도 아니라서 풍광도 인식도
인생도 시대와 상황에 따라 변하는 것이
오히려 당연하고 마땅한 것인가 보다

(2023.09.22.)

발문跋文

2017년 1월 수필. 2018년 2월 시로 등단할 때 이미 60대 중반을 넘었기에 너무 늦게 등단했다는 생각에 글 쓰기에 대한 조바심과 갈등이 심했다. 특히 시 쓰기에 집중하면서부터는 60대 후반의 시인으로서 어떤 시를 어떻게 쓸 것이며 어떤 시를 얼마만큼 써야 시인 다운 시인이 되고 또 시다운 시가 될 수 있는지 시의 본령뿐만 아니라 좋은 시에 대한 생각이 더욱 많아졌다. 그래서 권마다 시 쓰기와 시에 대한 나름의 자세와 본령과 본질에 대한 고민을 시로 쓰기도 했다.

지금 10권 째의 시집을 출간하면서 지금까지 시에 대해 어떤 생각을 가지고 어떻게 시를 써왔으며 또 시에 대한 생각이 어떻게 변해 왔는지 스스로 한번 점검해보고 이후에 쓰는 시는 어떻게 어떤 시를 쓸 것인가 반성해 볼 필요가 있다는 생각을 하게 되었다.

반성의 일환으로 지금까지 시집마다 실려 있던 시에 대한 생각과 고민 등 창작과 관련된 작품을 모아서 차례대로 제시하여 독자들과 함께 참고해 보고 앞으로의 시에 대한 새로운 방향을 모색해 보고자 한다.

시란 사물을 접해서 느낀 감흥이나 어떤 대상이나 현상이나 사상에 대해 남다른 시각이나 이면 포착이나 생각이 남보다 깊은 천착이 있을 때 생략과 함축과 운율과 녹피에 가로왈 같은 표현을 통해 이현령 비현령한 주제를 드러내면 좋은 시가 된다는 어설픈 생각에 필자 나름의 시작詩作 과정과 시를 대했던 마음과 시에 대한 고민과 생각을 드러낸 작품을 차례대로 제시하면 다음과 같다.

(단, 쪽 수 탓으로 몇 편만 실음)

나의 시작 연습 3 – 〈1집〉

사람은 늙을수록 옷차림이 단정 하고
얼굴도 반반하여 주름이 적고
말도 적고 순하게 하며
목소리는 낮추고 겸손하며
욕심은 버리고 지혜롭게 처신해야
대접을 받는다고 한다.

먼 훗날
나 자신으로 남게 될 나의 시를 위해
나도 가끔은 세탁도 하고 다듬이질도 하며
새 옷을 만들어 입히기도 하고
주름은 물론 티끌 하나에도 애를 태우며
보는 사람의 얼굴에 미소가 번지도록
매일 매만지고 다림질하며 가다듬는다.

잘생긴 배우나 미인이 되려는 것은 아니다
내 분수와 내 몸에 맞는 옷을 입히고
나만의 개성을 드러낼 수 있는 차림새로
언제 봐도 푸근하고
매일 봐도 즐겁고
볼수록 사랑스러운
그런 모습을 만들고 싶다.

눈썹도 그리고 화장을 고치되
입술의 루즈는 지우고
얼굴의 분은 가볍게 바르고
잡스럽고 화려한 장식은 피하고
어제 못 본 잡티는 뽑아내지만
야단스럽고 진한 색깔은 탈색하고
뒤에 올 사람을 두려워하며
본래의 모습과 주름살을 드러내려 애를 쓴다. (2018)

나의 시 쓰기 2 – 〈2집〉

시는,
생략을 통한 함축과
내재적 운율을 지녀야 하고
시어를 조탁하고 가다듬어서
이현령비현령耳懸鈴鼻懸鈴하고
녹피鹿皮에 가로왈曰 같아서
행간에 의미를 담아야 한다기에

나도 텃밭을 일구고 골을 지어
골마다 콩 심은 데 팥도 나고
팥 심은 데 콩도 나기를 바라며
날마다 달마다 거름 주고
김을 매고 애를 썼지만

김매고 거름 줄수록
밭고랑마저 사라진 텃밭에는
콩은커녕 잡초만 무성하고
팥 심은 곳은 물기조차 사라진
관념의 자갈들만 가득했다

메마른 나의 텃밭에도
천둥 같은 소낙비가 내려
새로운 밭고랑이 생기고
콩과 팥이 하나 되는
그런 날이 빨리 왔으면 (2019.6)

태작駄作의 시를 위하여 – 〈4집〉

기술이 부족한 노동자는
노동 시간이나 노동력으로 대신할 수 있고
기능이 부족한 제품은
가격이나 물량으로 대신할 수 있으나
위대한 작가는 타고나는 것이지
노력만으로 되는 것이 아니고
불후의 명작도 고만고만한 작품을
많이 쓴다고 되는 것은 더욱 아니다

어떤 작가의 작품을 읽다가 보면
작가라는 것이 오히려 부끄러울 때도 있고
내가 쓴 작품조차도 부끄러울 때가 있지만
그렇다고 태작의 작가와 작품이
전혀 필요 없거나 없어져야 할 것은 아니다

밤하늘이 아름다운 것은
달빛이 아름다운 이유도 있지만
그보다는 수많은 뭇별의
반짝임이 있기 때문인 것처럼
태작이 없이는 불후의 명작도 없고
태작이 많을수록 명작은 더욱 빛난다 (2020.11.12.)

지상의 언어 - 〈4집〉

인기 있는 유명 시인의 시를 읽을 때는
무엇인가 배우고 익히려 애를 써보지만
가끔은 너무 어려워서 도무지 이해할 수가 없고
무슨 말인지조차 알 수도 없어
무식하고 못난 나 자신을 안타까워하다가

유명 시인들의 신의 계시 같은 천상의 언어를
지상의 언어이자 일상적인 인간의 언어로
그렇게도 맛깔스럽게 해석해내는 평론가들의
기적 같은 평설에도 놀라 박수치고 경배하며

읽고 또 읽어도 천상의 언어는
여전히 쉽게 이해할 수가 없고
해석된 언어도 너무 현학적이어서
도무지 접근조차 어렵다는 부끄러운 자각에
지상의 언어로만 시를 쓰는 나 같은 사람은
시인도 아니라는 자괴감을 느끼지만

시는 누구나 쉽게 읽고 즐길 수 있어야 한다는
문학의 기본적인 원리와 이론에 이르러서는
시류를 벗어나 지상의 일상적 언어로만 쓰는 시가
오히려 개성적이며 대세는 언제든지 바뀔 수 있다는
불손한 생각이 불쑥 일어나는 것도
금단의 문을 열지 못하는
무식한 시인의 불경한 편견에 불과한 것일까

(2020.09.27.)

시와 나 – 〈6집〉

네가 처음 내게 왔을 때는
잠 안 오는 늦은 밤 출출할 때 먹는
군밤 정도의 간식거리였는데
어느 사이 하루도 안 먹고는
살 수 없는 밥이 되고 말았다

그날 이후 나는 밥을 위해
시종이 되고 노예가 되어
하루도 빠짐없이

밤낮으로 황무지를 개간하여
씨뿌리고 거름 주며 농사지었다

매일매일 몸과 마음을 다 바쳐
밥을 위해 밥만을 생각했기에
나름 좋은 소출을 기대했지만
해마다 가뭄과 홍수 병충해를 입어
결과는 언제나 기대를 빗나갔다

오늘도 개간지를 둘러보며
북돋우고 김을 매보지만
언제쯤 풍조우순하여
함포고복하며 태평가를 부르게 될지
메아리는 여전히 난망難望 (2021.09.11.)

시詩 - 〈6집〉

음악은 소리
미술은 선과 색체
문학은 언어의 예술이라 하지만
시는 피의 예술이다

시는 시인의 거친 삶과
수많은 불면의 밤과
생명과 피를 요구하기에
시인은 자신의 생명과 삶과
피를 덜어서 시를 쓴다

피는 생생력이 있어서
피로 쓴 시는 영원히 죽지 않고
아무리 오랜 시간이 지나도
세세생생 새롭게 되살아난다

시인은 죽어서 사라져도
시가 끝내 살아남아서
마침내 불사조가 되는 것은
시 속에 시인의 피가
묻어 있기 때문은 아닐까 (2021.12.06.)

시詩 – 〈7집〉

당신은 요술쟁이다
당신만 생각하면 설레는 내 마음
언제나 잘 익은 수박 속처럼
붉게 물든다

어쩌다 먼발치에서라도 그대의
그림자만 봐도 반갑고 기쁜 마음
오히려 서러워 내 얼굴은 금방
홍옥보다 발갛게 익는다

제대로 한번 만나본 적도
말을 붙여본 적도 없지만
언제나 내 속엔 당신이 있고

당신이 익으면 내 마음도 따라 익어
수박 속보다 더욱 발갛다

당신을 위한 일이라면 언제든지
홍옥과 수박처럼 붉어질 수 있지만
보일 듯 말 듯 보이지 않는 당신
아직도 너무 낯설고 멀어서
차마 만날 수도 볼 수도 없구나 (2022.03.22.)

시의 생략 – 〈8집〉

포장만 화려한 값비싼 물건은
팥소 없는 찐빵이나 단물 빠진 껌처럼
껍질만 남아서 무미건조할 뿐이듯

생략도 함축을 위한 것일 때는
시의 기본이자 시를 시답게 하지만
생략만 있고 함축이 없거나 본질 자체를
생략하고 아무 말 대잔치만 남는다면
아무도 그 의미를 알 수도 없게 된다

시는 즐기기 위해 읽는 것이지
배우기 위해 읽는 것이 아니라면
누가 힘들게 독해를 위해 시를 읽겠는가
생략을 위한 생략이나 무조건 생략은
마침내 본질마저 생략되지나 않을는지

생략은 함축을 위한 것일 뿐
남이 모르게 하기 위한 것이 아니라면
생략도 누구나 쉽게 읽고 이해할 정도만
생략하고 함축해야 좋은 생략 아닐까 (2022.09.12.)

시 쓰기의 양면성 – 〈9집〉

시 쓰기는 즐겁고 행복한
일이라는 말은 거짓이거나
시인의 말이 아니다

시인의 시 쓰기는 시인의
피와 생명을 바쳐야 하는
고통이고 아픔일 뿐이거나

임신부의 출산 과정처럼
죽음 같은 고통을 지나 신생아를
보는 순간 느끼는 기쁨일 뿐

시인이 한 달에도 몇 번씩이나
붓을 꺾어버릴까 절망하면서도
계속 시를 쓰는 것은

시인의 피를 먹고 태어나는 시가
생래적으로 출산의 고통과 탄생의
환희를 동시에 내재하기 때문 아닐까 (2022.12.08.)

꼬투리

초판1쇄 발행 2024년 4월 12일

지 은 이 김수봉
펴 낸 이 이길안
펴 낸 곳 세종출판사

주소 부산광역시 중구 흑교로 71번길 12 (보수동2가)
전화 051-463-5898, 253-2213~5
팩스 051-248-4880
전자우편 sjpl5898@daum.net
출판등록 제02-01-96

ISBN 979-11-5979-673-9 03810

정가 12,000원